Ulla Schmid

Das Doppelleben des Harald G.

... und andere Geschichten

Re Di Roma-Verlag

Bibliografische Information der Deutschen Nationalbibliothek:
Die Deutsche Nationalbibliothek verzeichnet diese Publikation in der Deutschen Nationalbibliografie; detaillierte bibliografische Daten sind im Internet über http://dnb.ddb.de abrufbar.

ISBN 978-3-86870-165-4

Umschlagillustration: pip (photocase.de)

Alle Namen und Begebenheiten sind frei erfunden.

www.rediroma-verlag.de
9,95 Euro (D)

Inhalt

Das Doppelleben des Harald G.

Eigentlich konnte ich, Ulla Schmid, mit meinem Leben zufrieden sein. Ich hatte einen guten Beruf in der Personalstelle, genauer in der Lohn- und Gehaltsabrechnung eines großen Automobil-Zulieferungsbetriebs. Mir machte die Arbeit riesengroßen Spaß und das Betriebsklima war gut. Nun, hin und wieder zofften wir uns schon mal, aber wir versuchten, auf faire, sachliche Art, Unstimmigkeiten aus der Welt zu schaffen, ohne gleich in die Chefetagen zu laufen. Meine Kollegen bescheinigten mir Fachkompetenz, überdurchschnittliche Leistung und Dynamik; dieses musste ich aber meinen Kollegen auch zugestehen. Wir waren ein eingespieltes Team und verstanden uns blendend, was schließlich der Qualität der Arbeit zugute kam. Jeder machte seine Arbeit so gut es ging. Keiner versuchte den anderen auszunutzen und ihm seine eigene Arbeit aufzuladen. Wir halfen uns gegenseitig, wenn wir spürten, einer der Kollegen kam mit seiner Arbeit nicht vorwärts. Insgesamt zehn Kollegen waren in fünf Büros untergebracht; dieses war dem guten Betriebsklima auch noch dienlich. Die Türen sowie die Verbindungstüren zu den anderen Büros standen immer offen.

Auch im Privatleben lief es gut bei mir, wenn ich mal davon absah, dass ich keines hatte. Ich war Single aus Überzeugung. Eine dreijährige

Beziehung, die ich in einer anderen Stadt hatte, aber schon nach 1 ½ Jahren kaputt war, lag hinter mir. Die letzten 1 ½ Jahre brachte ich damit zu, diese Beziehung, die für mich nur noch Schmerz, Krampf und Gewürge war, zu retten. Nach etwa einem Jahr wusste ich, dass meine Bemühungen zum Scheitern verurteilt waren. Es war unglaublich, was ich für Anstrengungen unternommen hatte, diese Beziehung zu retten. Ich hatte mir geschworen, mich nie mehr eines Mannes wegen so sehr zu erniedrigen, und nie mehr sollte mich ein Mann so demütigen. Vor dieser Beziehung waren schon verschiedene mehr oder weniger lockere Bekanntschaften, auf die ich mich eigentlich von vorneherein nicht hätte einlassen sollen, nach wenigen Wochen oder gar schon nach Tagen in die Brüche gegangen. Der Gedanke an eine dauerhafte, intensive Partnerschaft rief Horrorgefühle in mir hervor. Auch war ich beruflich so eingespannt, dass ich nach den oft zu leistenden Überstunden abends wie erschlagen in meine Wohnung kam. Manches Mal wollte ich mich nur noch mit einem Buch und einem Glas Wein gemütlich niederlegen – im Sommer auf dem Balkon, im Winter in der Wohnung auf dem Sofa. Allerdings *wollte* ich so leben. Ich vermisste nichts, redete ich mir wenigstens ein. Ich hatte einige wenige Freunde, mit denen ich mich regelmäßig im Fitness-Studio oder zum Walken traf. Sport war mir unheimlich wichtig, auch wenn ich abends ausgelaugt nach Hause kam. Danach fühle ich mich wieder fit und frisch. Mit der Zeit fiel es mir immer schwerer, den inneren Schweinehund zu überwinden und mich zu irgendwelchen Unternehmungen aufzuraffen. Auch stellte ich fest, dass ich schon drei Jahre keinen Urlaub mehr hatte. Soll heißen, ich hatte schon Urlaub, aber diesen verbrachte ich zu Hause und er diente nicht der Erholung, weil ich ständig an privaten, liegen gebliebenen Dingen arbeitete.

Eines Abends, es war Anfang Mai, kam ich zu Tode erschöpft nach Hause, richtete mir mit Mühe und Not ein kleines Abendessen und lag auch schon wieder auf dem Sofa. Gequält erhob ich mich, um zu duschen und mich für die Nacht herzurichten. Beim Zähneputzen nutzte ich die Gelegenheit, mich mal im Spiegel genauer zu betrachten, was ich in den letzten Wochen und Monaten bewusst vermieden hatte. Was ich sah, gefiel mir nicht. Alles an mir schien alt, grau und stumpf, die ständig fettenden, strähnigen, halblangen Haare, die ich noch so oft waschen konnte, mein ganzes Äußeres, meine Augen trübe ohne jeden Glanz. Ich habe noch nie viel Kult um mein Äußeres getrieben, ich wollte schon hübsch aussehen, aber nicht so viel dafür tun. Gott sei Dank ging es am Arbeitsplatz diesbezüglich normal zu. Sauber und adrett musste man sein. Bei den Frauen in unserer Abteilung legte man keinen übertriebenen Wert auf ein perfektes Make-up, aber schon auf ein gepflegtes Äußeres. Mein Urteil beim Blick in den Spiegel über mein Aussehen war mit »Vogelscheuche« hart, aber zutreffend. Und dabei war ich doch erst 28 Jahre alt. Immer nur dynamisch zu sein und überdurchschnittliche Leistung zu erbringen, ging wohl auf Dauer über meine Kräfte. Obwohl ich hundemüde war, lag ich im Bett und machte kein Auge zu. Endlich musste ich mir eingestehen, was ich schon lange hätte tun sollen: Ich musste in meinem Leben etwas ändern. Es gab nicht nur Arbeit und gelegentliche Fitness-Studio-Besuche.

Am nächsten Morgen verwendete ich etwas mehr Sorgfalt auf mein Äußeres, wusch mir die Haare, die zwar nicht mehr grau und strähnig wirkten, aber dafür von einer nicht so ganz definierbar-hellbraunen, langweiligen Farbe waren.

Im Büro angekommen ging ich zu den Kollegen und fragte um sofortigen oder zumindest baldigen Urlaub nach. Da gerade Normalbetrieb herrschte, hatte niemand etwas dagegen einzuwenden. So beantragte ich im Personalbüro gleich ab dem nächsten Tag einen dreiwöchigen Urlaub. In diesen drei Wochen wollte ich zwei Wochen wegfahren. Ich wusste nur noch nicht, wohin und ob ich mit Flugzeug, Auto, Bahn, Bus wegfahren oder gar eine Traumreise mit dem Schiff machen wollte. Letzteres kam nicht in Frage, da ich in dieser kurzen Zeit kein Angebot finden konnte, für das ich mich hätte begeistern können. Das Auto habe ich aus meinen Überlegungen auch gestrichen, ich wollte nicht selbst fahren. Außerdem wäre ich womöglich wieder allein gewesen. Ich wollte doch Leute kennenlernen. Es musste nicht unbedingt ein Mann sein, einfach andere Leute.

Die Arbeit ging mir leicht von der Hand mit Aussicht auf Urlaub. In der Mittagspause überlegte ich mir, was ich in diesen zwei Wochen, die ich verreisen wollte, unternehmen könnte. Ich wollte nur noch weg und in diesen zwei Wochen viel Sport treiben und meine Hobbys pflegen. Dazu marschierte ich in ein Reisebüro, um eine zweiwöchige Busreise nach Österreich zu buchen. Ich wollte in die Gegend um den Wiener Wald. Da ich Einzelzimmer buchte, konnte ich an dem Termin drei Tage später, an einem Samstag, noch mitfahren. In den Tagen bis zum Reisebeginn hatte ich genug zu tun. Ich musste meine Wohnung in Ordnung bringen. Auch hier sah ich so manches, was ich schon einige Zeit nicht mehr gemacht hatte, weil ich meine Wohnung nur noch im Schnelldurchgang säuberte. Koffer waren zu packen und der Nachbarin der Wohnungs- und den Briefkastenschlüssel zu überreichen. Sie sollte während meiner Abwesenheit meine Blumen gießen und die Post aus dem Kasten nehmen. Zum Friseur wollte ich auch noch. Ich wollte unbedingt eine neue Frisur mit Dauerwelle und eine neue Haarfarbe haben. Kupfer gefiel mir gut und kam bei meinem hellbraunen Haar unwahrscheinlich gut zur Geltung. Auch nach einer neuen Garderobe stand mir der Sinn und dabei kaufte ich mir zwei neue Badeanzüge, einen davon in schwarz und raffiniert geschnitten, mit schmalen, abnehmbaren Trägern, aber keineswegs obszön.

So traf ich am Reisetag morgens zur verabredeten Zeit am verabredeten Ort mit meinem Gepäck und einer gehörigen Portion Selbstvertrauen, das mir in den letzten Wochen abhanden gekommen war, ein und freute mich unbändig auf meinen Urlaub. Was das Kennenlernen anderer Menschen betraf, so ließ ich das einfach auf mich zukommen. Ich wollte mich nicht krampfhaft an andere Leute hängen, sollte es klappen, war es recht, wenn nicht, kam ich ganz gut alleine zurecht. Das war ich schließlich gewohnt. Die Mitreisenden standen im Gruppen und unterhielten sich. Die Gruppen untereinander kannten sich schon, und es gefiel mir, dass ich sofort in eine sechsköpfige Gruppe, bestehend aus drei Ehepaaren, Heinz und Gerlinde Raab, Annemarie und Robert Esswein sowie Rita und Alfred Esswein, aufgenommen wurde. Die Esswein-Männer waren Brüder und mit den Raabs dick befreundet. Es herrschte eine lockere, heitere Stimmung. Ich war mir sicher, mit diesen Leuten einen angenehmen Urlaub verbringen zu können.

Mit etwas Verspätung fuhr der Bus ein. Der Fahrer, Harald G., hatte noch an einem anderen Platz Reisegäste eingesammelt. Wir waren die Letzten, die er mitnehmen musste. Mir stockte der Atem: Harald G. war ein Traummann. Anfang 30, groß, schlank, athletisch. Schwarze Locken umrahmten sein markantes Gesicht. Mir war aber schon klar, dass ich keinen Supermann, sondern einen normalen Menschen mit guten und weniger guten Eigenschaften sowie Fehlern und Schwächen, wie bei jedem anderen Menschen auch, vor mir hatte. Dunkelbraune, fast schwarze Augen blickten ernst und melancholisch. Im Laufe weniger Tage stellte ich fest, dass diese Augen auch spöttisch-amüsiert blicken konnten. Die drei Ehepaare und er kannten sich schon und schienen gute Freunde zu sein. Aus ihren Erzählungen schloss ich, dass sie schon öfter mit Harald G. Busreisen unternommen hatten.

Als er die Namen der Mitreisenden aufrief, hatte ich das Gefühl, er blickte mich etwas länger und mit einem seltsamen Gesichtsausdruck an. Aber das war bestimmt nur Einbildung meinerseits. Immer wieder kreuzten sich wie zufällig während der Fahrt unsere Blicke.

»Nein«, dachte ich, »nicht das. Das bildest du dir nur ein.«

Und doch war etwas in mir zum Leben erwacht. Ich hatte geglaubt, ich könnte mich nie mehr verlieben. Schließlich täuschte ich Müdigkeit vor und schloss die Augen, damit ich besser nachdenken konnte. Ich war mir sicher, dass ich nie mehr so etwas erleben wollte wie in dieser dreijährigen Beziehung.

Immer wieder wurden Rastplätze angefahren. Harald G. musste schließlich Pausen einhalten. Ich stieg nicht mit aus und stellte mich schlafend in meinem Sitz. Nach der letzten Rast musste ich doch eingeschlafen sein. Die Stimme Harald G.s riss mich aus dem Schlaf: »Wir sind da!«

Wie gerädert und schlaftrunken stieg ich aus dem Bus. Ums Gepäck brauchten wir uns nicht zu kümmern. Bedienstete des Hotels wuchteten es ins Foyer. Ich glaubte immer wieder, den Blick Harald G.s auf mir zu spüren und auch ich blickte immer wieder zu ihm.

Ich war froh, endlich im Zimmer zu sein, um mir die Hände waschen zu können. Bis zum Abendessen um 18.00 Uhr war nicht mehr viel Zeit. Zum ersten Mal seit langer Zeit verwendete ich mehr Zeit auf mein Äußeres. Wie gut, dass ich noch beim Friseur gewesen war, die kupferne Haarfarbe stand mir gut. Auch achtete ich darauf, dass meine Kleidung und mein Make-up gut aufeinander abgestimmt waren. Machte ich das etwa wegen Harald G.?

»Ulla Schmid«, nahm ich mich fest an die Kandare, »reiß dich zusammen. Das fehlte dir gerade noch, dass du dich verliebst. Die ganze Sache ist aussichtslos. Das bringt dir nur Herzschmerz.«

Doch es war bereits zu spät. Ich zappelte bereits im Netz der Spinne Harald G.

Beim Abendessen saß ich mit den Essweins, Raabs und Harald G. an einem Tisch. Ich wollte nicht so genau wissen, ob dieses Zufall war. Auch hier glaubte ich immer wieder, seinen Blick auf mir ruhen zu sehen. Schnell und verlegen wandte ich mich ab. Das Abendessen, wir konnten unter drei Hauptgerichten auswählen, war vorzüglich, vor allen Dingen weil ich es nicht selbst zubereiten musste und zuvorkommend bedient wurde. Ich genoss das ganze Flair und Ambiente dieses guten Hotels. Ich machte mir kurz Gedanken über die Berge schmutzigen Geschirrs, aber es war nicht meine Sache, mich darum zu kümmern. Nach dem Abendessen gingen einige aus der Gruppe spazieren. Sie fragten mich, ob ich mitwolle und so schloss ich mich ihnen an. Wie zufällig trat Harald G. zu unserer Gruppe und fragte freundlich: »Kann ich mitkommen?«

Mein »Ja, gerne« kam etwas zu schnell und vor dem der anderen. Harald G. lächelte spöttisch, es schien mir eher ein hämisches Grinsen zu sein. Dieses Grinsen sollte ich während des Urlaubs noch einige Male an ihm bemerken und es gefiel mir nicht. Ich dachte an die schmerzhafte, dreijährige Beziehung. Dieser Mann hatte auch immer so gegrinst, besonders wenn er mich für dumm verkauft oder im Stich gelassen hatte. Wahrscheinlich wusste Harald G. schon, dass er mich in seinem Netz hatte. Da er schon einige Male hier war, kannte er sich sehr gut aus und führte uns auf einem idyllischen Wanderweg in die Weinstube »Dennis«. Da saßen wir nun. Eine lockere Unterhaltung kam bald zustande. War es Zufall, dass Harald G. neben mir saß? Auch hier kreuzten sich immer wieder unsere Blicke. Bemerkten die anderen schon etwas? Nein, das konnte nicht sein. Noch bemerkten sie nichts. Harald erzählte ein wenig von sich: »Ich habe meines Berufes wegen nicht geheiratet, weil ich so viel unterwegs bin«, flocht er so nebenbei in seine Rede ein.

»Warum erzählt er denn das? Ob das wohl jemanden interessiert?«, dachte ich unruhig.

Die nächsten Tage vergingen wie im Traum. Wir machten Ausflüge. Harald G. war der Fahrer, oder wir wanderten. Mir genügte es, Harald G. in meiner Nähe zu wissen und doch wehrte ich mich gegen dieses Gefühl. Der Urlaub ging schließlich zu Ende und ich war mir sicher, ihn danach nie mehr wieder zu sehen. Jetzt bemerkte ich auch das verstehende Lächeln meiner nächsten Umgebung bei den Mahlzeiten. Sie hatten mitbekommen, wie es um mich stand, obwohl ich noch kein Wort gesagt hatte. Meine Körpersprache verriet mich, sie sagte mehr als jedes laute Wort.

»Bilde dir nichts ein, Ulla Schmid«, mahnte ich mich zur Ordnung, »das macht der doch bei jeder

Reise mit irgendeiner alleinreisenden Frau, und so wie der aussieht, wird er gerade noch auf dich gewartet haben. Wenn wir zu Hause sind, hat er dich ganz schnell vergessen. Und im Übrigen ist es Busfahrern offiziell verboten, mit weiblichen Reisegästen ein Verhältnis zu beginnen. Und was heißt hier Verhältnis? Soweit sind wir noch lange nicht und ich will auch kein Verhältnis. Dem genügt nicht nur eine Frau und du schon gar nicht.«

Aber immer öfter ergab es sich, dass wir uns alleine trafen und er mich seltsam musterte. Immer öfter stellte ich fest, dass ich besonders lange vor dem Spiegel stand und ich mich auf einmal raffiniert schminkte und anzog.

Eines Tages – es war in der zweiten Urlaubswoche – wollte ich es mir am Hotelpool gemütlich machen. Ich wollte mich mit einem Buch über griechische Mythologie an den Pool legen und auch ein paar Bahnen schwimmen. Ich zog meinen schwarzen, raffiniert geschnittenen Badeanzug an, die Träger hatte ich schon im Zimmer abgenommen. Ich wollte mir schließlich eine sanfte Bräune ohne weiße Streifen an den Schultern zulegen. Ich spürte die bewundernden Blicke der Männer, als ich meine kurze Hose und mein T-Shirt auszog. Ach, es tat mir so gut, einmal von Männern als Frau und nicht als guter Kumpel, mit dem man Pferde stehlen konnte, angesehen zu werden.

Es war der Punkt erreicht, an dem ich mir eingestehen musste, dass mir sehr wohl etwas fehlte, dass ich ein Mensch aus Fleisch und Blut war, der Gefühle hatte. Aber dass es für mich niemanden gebe. Denn auf Harald G. brauchte ich mich nicht zu konzentrieren. Ich wollte heiraten, Kinder kriegen, eine Familie gründen, wissen, wo ich hingehörte. Von irgendwelchen Verhältnissen und Beziehungen – wenn ich mal von der dreijährigen Beziehung absah – und Affären hatte ich nie viel gehalten. Damals dachte ich auch, es könnte mit diesem Mann zur Heirat kommen. Aber konnte ich nach so kurzer Zeit schon an Heirat und Kinderkriegen denken? Ich kannte doch Harald G. überhaupt nicht und mit Sicherheit war er kein Mann zum Heiraten und Kinderkriegen. Nun, dann würde ich eben lieber alleine bleiben, als ständig mit bitteren Enttäuschungen leben zu müssen. So schlecht war das Leben als Single auch nicht, ich hatte doch sehr viel weniger Probleme als Single. Und doch hegte ich den Wunsch, es könnte mir Harald G. wahr werden. Auch wusste ich, dass ich hier im Urlaub und nicht im Alltag lebte, und im Urlaub sieht man nur die Sonnenseiten des Lebens. Ich hing meinen Gedanken nach, als ich die spöttische Stimme Harald G.s hörte: »Lesen Sie immer so?«

»Ja«, schnappte ich.

»Also ich muss ein Buch zum Lesen umdrehen. Bei Ihnen steht es auf dem Kopf.«

»Nun«, lachte ich, »ich könnte mich ja auch auf den Kopf stellen, aber das wird auf Dauer etwas unbequem.«

Sahen mich die anderen Männer bewundernd an, so musterte mich Harald G. ungeniert, und noch etwas war in seinem Blick, das mir ein angenehmes Kribbeln verursachte. Ich spürte, wie er mir mit seinen Augen den Badeanzug ausgezogen hatte. Ich konnte mir auch vorstellen, was er in seiner Fantasie mit mir trieb. Ich hatte nichts dagegen.

War es Zufall, dass er seinen freien Tag hatte? Ich wusste auch nicht, warum er am Pool war. Er hatte nicht die Absicht, sich auf einer der Liegestühle niederzulassen. Er marschierte geradewegs zur Poolbar. Was er dort zu tun hatte, wusste ich nicht. Ich beherrschte mich sehr, ihm hinterher zu starren. Er sprach eine Weile mit dem Bediensteten der Poolbar und kam dann wieder an meiner Liege vorbei. Inzwischen hielt ich das Buch richtig herum. Und doch las ich nicht und mein Zwiespalt und meine innere Zerrissenheit wurden immer größer. Sein hämisches Grinsen brachte mich dazu, mir klein und unwichtig vorzukommen. Ich hatte das Gefühl, er wolle mit mir reden, aber es waren doch zu viele aus der Gruppe da.

Nach dem Abendessen versuchte er, mich alleine zu sprechen: »Ulla, ich muss unbedingt mit dir reden. Heute Abend sollten wir uns in Dennis'

Weinstube treffen«, passte er mich ab, als ich in mein Zimmer ging. Dass er mich auf einmal duzte, fiel mir nicht weiter auf. Er duzte alle anderen schon lange.

»Warte etwas abseits vom Haupteingang. Ich komme so schnell wie möglich«, flüsterte er mir verschwörerisch zu. Er hatte absichtlich eine etwas abgelegene Stelle ausgesucht. Die anderen brauchten nicht zu wissen, dass wir uns von der Gruppe abseilten und uns alleine treffen wollten. Ich wartete und wartete und dachte schon, er habe mich verschaukelt. Ich wollte schon auf mein Zimmer gehen, als er angesprungen kam: »Entschuldige, ich bin aufgehalten worden.«

Sehr viel später dachte ich daran, ob das nicht Taktik von ihm war. Ich war so verliebt. Allerdings musste man mir zugute halten, dass ich wirklich nichts über ihn wusste.

Sehr spät kamen wir ins Hotel zurück. Im Foyer war niemand mehr außer dem Portier und der grinste breit. Hotelportiers bekommen sehr viel mit vom Leben im Allgemeinen und von ihren Hausgästen im Besonderen. Damals bemerkte ich nicht, dass in dem Grinsen auch Mitleid lag. Ich verbrachte diese Nacht und alle kommenden Nächte bei Harald. Ich war so sehr ausgehungert nach Liebe und Zärtlichkeit. Harald ließ mich nicht spüren, um wie viel erfahrener er war als ich. Auch wenn er nicht verheiratet war, so war doch nicht anzunehmen, dass er als Mönch lebte.

»Ulla, ich habe doch bei unserem ersten Abend in der Weinstube gesagt, dass ich meines Berufes wegen nicht geheiratet habe, das habe ich nur erzählt, weil du dabei warst. Damit du weißt, dass ich noch zu haben bin.«

Ich lächelte selig. Obwohl wir versuchten, unsere Liebe geheim zu halten, merkten die Mitreisenden und die übrigen Hotelgäste sehr schnell, wie es um uns stand, bei mir noch mehr als bei Harald. Bei einigen aber, die Harald G. schon länger kannten, war auch Mitleid im Spiel. Allein sie sagten mir nichts. Ich war sowieso keiner vernünftigen Denkweise mehr fähig. Es hätte nichts genützt, wenn sie mich gewarnt hätten. Diese Beziehung sollte zu einem noch größeren Fiasko werden als die dreijährige vor einigen Jahren in der anderen Stadt. Aber zunächst einmal war ich vor Glück wie betrunken. Anscheinend wirkte sich die Liebe auf mein Aussehen aus. Ich strahlte und lachte. Die Männer umschwärmten mich, die Frauen wurden neidisch und eifersüchtig. Sie brauchten nicht neidisch und eifersüchtig zu sein. Ich hatte kein Interesse an anderen Männern, für mich gab es nur noch Harald. Sehr schnell kam der letzte Urlaubstag. Es war klar, dass wir unsere Adressen und Telefonnummern tauschten. Harald wohnte ziemlich weit weg von mir. Da konnten wir uns nicht einfach nur abends treffen und auch die Treffen an den Wochenenden waren äußerst selten. Und doch war ich noch nie so glücklich gewesen. Harald war ja durch seinen Beruf so viel unterwegs.

Im Büro bemerkten meine Kollegen sehr schnell meine Veränderung. In meinem Überschwang ließ ich Bemerkungen, Gott sei Dank nicht im Detail, und Haralds Namen fallen. Ich merkte gar nicht, wie weh ich damit meinem Kollegen Thomas Bernert tat. Mir war nie aufgefallen, wie viel er für mich empfand. Auch dass er mich am ersten Arbeitstag nach dem Urlaub ungläubig bewundernd ob meiner Veränderung im Aussehen anstarrte, entging mir. So wie ich auflebte, wurde Thomas Bernert immer niedergeschlagener. Er merkte sofort, wenn ich mit Harald zusammen gewesen war, und wurde immer unglücklicher.

Ein halbes Jahr nach dem Urlaub stellte ich mir immer noch vor, Harald zu heiraten. Bei unseren seltenen Telefonaten und Treffen bekannte er: »Ich kann ohne dich nicht mehr leben. Ich suche mir jetzt einen anderen Beruf in der Nähe deines Wohnortes, weil ich dich nämlich heiraten möchte.«

Indessen wurden seine Anrufe immer seltener. Ich registrierte das zwar, schob es aber auf sein berufliches Unterwegssein. Irgendwie war ich nicht zufrieden. Tief in meinem Innersten trug ich bange Sorge, ob Harald tatsächlich der Mann für mich war, ließ mir aber nie etwas anmerken. Viele Urlaubsbekanntschaften waren nach dem Urlaub schnell zu Ende, obwohl er mir doch gesagt hatte, dass er kein kurzes Verhältnis wünschte. Nur gelegentliche Wochenenden mit dem Mann, den ich liebte, zu verbringen, war mir doch etwas zu wenig.

Es ging in den November, den Weihnachtsgeldmonat. In diesem Monat steckte die Lohn- und Gehaltsabrechnung dick im Stress, aber es machte mir nichts aus. Fröhlich und lachend bewältigte ich Berge von Arbeit, meine Kollegen und ich kamen gut voran. Ich bemerkte immer noch nicht, dass Thomas Bernert immer trübsinniger und einsilbiger wurde. Der 29.11., es war dazu noch ein Freitag, war der Tag, an dem mein Leben vollkommen aus den Fugen geraten sollte. Harald hatte sich schon Monate nicht mehr gemeldet. Wenn ich ihm geschrieben oder ihn angerufen hatte, bekam ich keine Antwort; er war einfach nicht zu erreichen. Ich schob es auf sein vieles berufliches Unterwegssein. Aber auf der anderen Seite verstärkte sich mein Verdacht, dass es zu Ende war. Aber soviel traute ich ihm schon zu, dass er mir das auch sagen würde, und bislang hatte er mir nicht gesagt, dass es aus mit ihm sei.

Wir waren mit der Monatsabrechnung fertig und gingen alle zum Italiener. Fröhlich singend und pfeifend, die Post in der Hand, stieg ich die Treppen zu meiner Wohnung hoch. Es war, als griff eine eisige Hand nach meinem Herzen als ich das weiße Kuvert mit dem schwarzen Trauerrand öffnete, bedeutete dies doch, dass jemand gestorben war. Ungläubig las ich, was geschrieben stand.

Ein Ingo Pohl schrieb mir:

Liebe Frau Ulla,
ich darf Sie doch so nennen. Ich bin ein Freund Harald G.s und habe die schwere Aufgabe, Ihnen mitzuteilen, dass Harald am 02.11. verstorben ist. Er war sehr krank. Krebs im Endstadium! Kurz vor seinem Tod gab er mir Ihre Adresse und beauftragte mich, Ihnen zu schreiben. Ich soll Ihnen mitteilen, dass er Sie sehr geliebt hat und Sie so gerne geheiratet hätte. Da er die See so sehr liebte, wählte er zu seiner Beisetzung die Seebestattung und seine Asche wurde in die Nordsee gestreut.

Ich wünsche Ihnen viel Kraft und bleiben Sie gesund. Auch mir fällt es sehr schwer und ich denke, warum muss ausgerechnet ich Ihnen so eine Mitteilung machen. Ich habe fast vier Wochen gebraucht, bis ich Ihnen schreiben konnte. Es war der letzte Freundschaftsdienst, den ich ihm erweisen konnte. Er wollte, dass Sie, als er noch gelebt hat, nie erfahren sollten, wie krank er wirklich war.

Ich grüße Sie herzlich und noch einmal: Seien Sie tapfer

Ingo Pohl

»Nein!«, schrie ich, »nein und nochmals nein! Das glaube ich einfach nicht!«

Ich besoff mich an diesem Abend mit allem Alkoholischen, was ich in der Wohnung fand, worauf mir speiübel wurde. Am nächsten Montag rief ich schluchzend im Büro an, dass ich nicht kommen könnte, weil ich die Todesnachricht Haralds erhalten hatte. Die Kollegen waren sehr verständnisvoll. Ich wurde zwar zwei Wochen krankgeschrieben, ging aber schon früher ins Büro und suchte das Vergessen, indem ich mich in die Arbeit stürzte. Ich war nur noch ein Schatten meiner Selbst und untätig in meiner Wohnung zu sitzen ließ mich verrückt werden. Die Kollegen unterstützten mich nach Kräften und lenkten mich ab. Es tat so gut. Und Thomas, der gute Thomas nutzte meine scheußliche Lage nicht aus, sondern half mir unauffällig und unaufdringlich. Wusste er, dass seine Zeit noch kommen sollte? Wahrscheinlich nicht. Jedenfalls ließ er mir Zeit und tat nichts, was mich verletzte oder abstieß. Nie habe ich einen treueren Freund gehabt.

Es dauerte lange 2 ½ Jahre, bis endlich mein grausamer Schmerz nachließ, ich war aber immer noch nicht die, die ich vor dem Urlaub im Wiener Wald gewesen war. Und immer noch war Thomas mein bester Freund. In der Zwischenzeit wusste ich, wie es um ihn stand, denn kein Mann hätte das so lange mit mir mitgemacht, was er mitmachte. Mein guter, zuverlässiger Thomas verstand es, mich aufzumuntern, zu trösten und abzulenken. Ich selbst merkte, dass ich mehr als Freundschaft für ihn empfand, als er drei Wochen im Urlaub war. Er sagte mir zwar, dass er Urlaub habe und ob er mich so lange allein lassen könne, aber ich vermisste ihn schon am ersten Urlaubstag – und wie. Dabei merkte ich auch, dass sich mein Leben wieder normalisierte. Ich dachte zwar immer noch an Harald, es war aber kein bitteres und schmerzhaftes Andenken an ihn. Auch war ich mir sicher, mit Thomas ein normales Leben führen zu können und ich wusste sicher, dass Harald es so gewollt hätte.

Ich konnte es kaum erwarten, bis Thomas wieder zur Arbeit kam, und mittlerweile plagte mich die Angst, er könnte eine andere Frau kennengelernt haben. Ich verwendete wieder mehr Sorgfalt auf mein Äußeres und ich strahlte ihn an; er ließ sich nichts anmerken.

»Thomas, bitte, ich muss mit dir reden!«, bat ich ihn.

So hatte mir Harald auch seine Liebe gestanden. Thomas nickte nur. Eigentlich war er total frustriert und dachte nicht mehr daran, dass es mit uns noch etwas werden könnte. Wir seilten uns in der Mittagspause von den anderen Kollegen ab und fuhren mit dem Auto in ein Lokal, in dem niemand unserer Kollegen zu Mittag essen würde. Wir hatten Glück.

»Thomas«, sagte ich weich und warm, »du hast mir so gefehlt in diesen drei Wochen und ich habe festgestellt, dass du mir sehr viel bedeutest. Ich liebe dich!«

In seinem Gesicht sah ich widerstreitende Gefühle.

»Hm«, meinte er leise, »sagst du 'Thomas' und meinst 'Harald'?«

»Nein, Thomas, ich sage 'Thomas' und ich meine 'Thomas'. Ich weiß, dass du allen Grund hast, vorsichtig zu sein, aber glaube mir, ich liebe dich. Du bist mir viel zu wertvoll, als dass ich dich nur als Lückenbüßer benutzen wollte. Jetzt weiß ich endlich, wo ich hingehöre. Ich hatte während deines Urlaubs panische Angst, du könntest dir eine andere Frau gesucht haben.«

An seinem Strahlen sah ich, dass er mir glaubte und dass es keine andere Frau gab. So gut kannte er mich, dass ich ihm nichts vormachte und ihn nicht belog.

»Ich habe nicht mehr daran geglaubt. So lange habe ich auf dich warten müssen. Ich heirate dich so schnell wie möglich«, brach es aus ihm endlich und überschwänglich heraus. Und doch war ein Ernst in seinem Lachen und Überschwang. Endlich konnte ich einen anderen Mann lieben, ohne mit schlechtem Gewissen und Schmerzen an Harald denken zu müssen. Ich vergaß ihn aber nicht.

Noch in diesem Sommer heirateten Thomas und ich. Thomas spürte, dass ich es geschafft hatte, ich gehörte nur noch ihm. Der Schatten eines Toten stand nicht zwischen uns. Wir waren schon ein Jahr verheiratet und dachten daran, eine Hochzeitsreise nachzuholen, bevor wir Kinder bekommen wollten. Ja, das war unser sehnlichster Wunsch, das wäre die Krönung unserer Liebe. Daher entschlossen wir uns, eine dreiwöchige Flugreise in die Karibik, genauer auf die Bahamas, zu buchen. Wir wollten aber nicht nur am Strand liegen, sondern Abstecher nach Kuba und nach Florida buchen sowie einige wenige der über 700 Out-Islands der Bahamas besuchen. Wir freuten uns unbändig und die Kollegen beneideten uns.

»Braucht ihr keinen Kofferträger?«, ulkte einer.

Nach elf Stunden Flug landeten wir in Nassau, der Hauptstadt der Bahamas. Das erste, was wir feststellten, war, dass es hier grauenvoll schwül war. Hier herrschte konstant eine Luftfeuchtigkeit von über 90 %. Ich hatte beim Verlassen des Flugzeugs das Gefühl, zwei feuchtwarme Waschlappen ins Gesicht geworfen zu bekommen. Bis wir im Hotel waren, waren wir alle nassgeschwitzt. Thomas und ich waren selig, es war einfach traumhaft. Unser erstklassiges, vollständig ausgebuchtes Hotel ließ keine Wünsche offen. Hier waren Deutsche, Engländer, Franzosen, Kanadier, US-Amerikaner untergebracht. Für die Letztgenannten war es ein Einfaches, hier Urlaub zu machen. Im Bruchteil der Zeit, die wir für den Flug hierher brauchten, waren sie da. Wir fühlten uns wie in einer großen Familie, verstanden uns sehr gut und radebrechten auf Deutsch, Englisch und Französisch. Wobei ich zugestehen musste, dass ich fast kein Französisch konnte, dafür war Thomas perfekt.

Das Essen im Hotel war sehr gut, doch die ganze Corona kam nach fünf Tagen überein, einmal auswärts zu essen. »Harry's tavern« war ein Geheimtipp in Nassau und in Hafennähe gelegen, dort, wo die großen Kreuzfahrtschiffe anlegten. Harry sei Deutscher oder Österreicher, erfuhr ich.

Einige von den Gästen, die schon mal dort gegessen hatten, wussten es ganz genau: Er war Deutscher. Nun ja, es sind schon viele Deutsche ausgewandert und dieser Harry ist halt hier hängengeblieben, dachte ich.

»Wenn wir einmal auswandern sollten, dann kommen wir auch hierher«, lachte Thomas.

»Mit dir gehe ich überall hin«, gab ich ihm zu verstehen.

Harry bot deutsche, österreichische sowie italienische Spezialitäten an. Man müsse Tische schon eine Woche im Voraus buchen, denn das Lokal war nur mittelgroß und immer voll besetzt. Eine Umfrage unter den Hotelgästen, mit denen wir zusammensteckten, erbrachte vierzehn Personen, die bei Harry essen wollten.

»Na ja«, witzelte ich, »also ich bin nicht hier, um deutsch, österreichisch oder italienisch zu essen. Aber ich gehe natürlich gerne mit.«

Thomas grinste breit: »Nun, dann lassen wir uns überraschen!«

Kichernd und albernd machten wir uns zu Fuß auf den Weg. Wir Deutschen überlegten uns scherzhaft, ob wir bei der Hitze Schweinshaxen mit Sauerkraut und Knödeln essen sollten. Die uns begleitenden Engländer, Amerikaner, Kanadier und Franzosen grinsten breit. Wir wussten ja nicht einmal, ob Harry so etwas überhaupt anbot.

Noch heute sehe ich diese Szene vor mir, als wäre es erst gestern gewesen: Wir betraten im Pulk das Lokal und ich erstarrte im Eingangsbereich zur Salzsäule. Harry war Harald G., den ich so sehr geliebt hatte und von dem ich glaubte, er sei tot. Harry alias Harald sah mich nicht. Er erklärte gerade einem weiblichen Gast, was er heute besonders empfehlen könnte. Ich wurde schneeweiß im Gesicht und stürzte nach draußen, Thomas hinterher. Mit seiner raschen Auffassungsgabe muss er irgendwie begriffen haben, dass mein Benehmen mit diesem Harry zu tun haben musste. Ich saß bitterlich schluchzend auf einer Bank. Thomas setzte sich zu mir:

»Liebes, was hast du?«, fragte er liebevoll und nahm mich in seine Arme. »Hängt dein Verhalten mit diesem Harry zusammen?«

Ich blickte ihn erstaunt an.

»Erzähl es mir«, bat er.

Ich brauchte noch eine Weile, bis ich mich beruhigt hatte, und dann brach es stockend aus mir heraus: »Harry ist Harald G., von dem ich glaubte, er sei tot. Ich habe doch von einem Ingo Pohl, der sein Freund gewesen sein soll, die Nachricht erhalten, Harald sei an Krebs gestorben.«

»Bis du dir ganz sicher?«, fragte Thomas.

»Ganz sicher. Er war es. Harry und Harald G. sind eins.«

Thomas brachte mich ins Hotel zurück. An diesem Abend hatten wir keinen Appetit mehr und schlossen uns in unserem Zimmer ein. Es wurde ein langer Abend, ich erzählte Thomas die ganze Geschichte und er schüttelte immer wieder ungläubig den Kopf. Am nächsten Tag wollte ich unbedingt noch einmal zu »Harry's tavern«. Ich war mir zwar meiner Sache sicher, aber ich musste Harald noch einmal sehen. In dieser Nacht schliefen wir nicht gut.

Am nächsten Morgen erzählten uns die zwölf anderen, wie es in »Harry's tavern« gewesen war; dieses Lokal sei wirklich sehr zu empfehlen. Ich entschuldigte mich für mein Davonlaufen mit plötzlich auftretendem Unwohlsein, was ja nicht einmal gelogen war. Hintenherum fragte ich, ob sie wüssten, wie dieser Harry wirklich heiße und ob er auch einen Nachnamen habe. Thomas begriff sofort, worum es mir ging. Nein, seinen Nachnamen wüssten sie nicht, aber Harry sei die Abkürzung von Harald. Nun, das wusste ich selbst. Endlich war es soweit: Thomas und ich gingen zu »Harry's tavern«.

»Bist du dir sicher, dass du ihn dir noch einmal anschauen willst?«, fragte Thomas besorgt.

»Ist schon in Ordnung«, lächelte ich. »Es geht mir gut, mach dir um mich keine Sorgen. Ich möchte ihn nämlich zur Rede stellen!«

Ich war erneut zu Tode erschrocken, denn es war tatsächlich Harald G., der als Harry dieses Lokal führte, und er bemerkte mich wieder nicht. Nun, er konnte sicher sein, dass aus seiner Vergangenheit niemand hier auftauchen würde. Die Bahamas waren ein Reiseziel, das sich nicht viele Deutsche leisten konnten. Ich wollte ihn aber sofort zur Rede stellen und Thomas erschrak und konnte mir plausibel erklären, warum ich das nicht tun sollte. Es sei bestimmt besser, wenn Harald G. nicht wüsste, dass ich hier war. Thomas brauchte seine ganze Überredungskunst, mich davon abzuhalten, ins Lokal zu stürzen und Harald G. zur Rede zu stellen. Es stellte sich als kluge Entscheidung heraus, da wir nicht wissen konnten, wie Harald reagieren würde, wenn er mich sah.

Die letzte Urlaubswoche brach an und wir flogen noch für drei Tage nach Orlando, Florida, zur Disney-World, und auch waren wir beide an dem Kennedy-Space-Center, das sich ganz in der Nähe der Disney-World befand, interessiert. Egal, was wir unternahmen, wir wussten weder ein noch aus und dachten immer an Harald G. Sobald wir nach Hause kommen würden, wollten wir die Behörden einschalten, denn wir wollten Klarheit über diese mysteriöse Angelegenheit.

Schon einen Tag nach unserer Ankunft in Deutschland wandten wir uns an die Polizeistelle unseres Heimatortes. Ich erzählte meine Geschichte und trat damit eine Lawine los. Mit der Zeit erfuhren wir Dinge über Harald G., da taten sich Abgründe auf. Er war zwar bei der Polizei nicht bekannt, aber in Deutschland wurden fünf Bräute und mehrere diverse Freundinnen ausfindig gemacht. Keine Frau wusste von der anderen, darum gab es auch keine Anzeige. Durch seinen Beruf war er doch so viel unterwegs. Auch in dem Hotel in Österreich war er bekannt dafür, dass er die Frauen abschleppte, und in Österreich gab es auch noch andere Hotels. Aus der Schweiz kamen auch Meldungen über den Frauenverschleiß des Harald G. Die Frauen fielen aus allen Wolken, als sie Bilder von Harald vorgelegt bekamen und ihn eindeutig identifizierten. Sie alle hatten von einem Ingo Pohl die Nachricht von

Haralds Tod erhalten. Nachforschungen ergaben, dass es keinen Ingo Pohl gab.

Harald wurde aufgefordert, nach Deutschland zu kommen, andernfalls würde er in einem Auslieferungsverfahren nach Deutschland überstellt werden. Es kam zu einer Gerichtsverhandlung. Ich saß mit den Bräuten und den Freundinnen auf der Zeugenbank. Ich war die Hauptbelastungszeugin, da auf mein Betreiben und meine Veranlassung hin diese Dinge ins Rollen kamen. Wir Frauen waren einander nicht böse, denn wir hatten ja nichts voneinander gewusst. Aber Harald musste nun einiges erklären. Er wurde blass und unsicher, als er uns sah, fasste sich aber schnell wieder. Schon beim Verhör waren Dinge ans Tageslicht gekommen, worüber die Beamten nur ungläubig den Kopf schütteln konnten. Wie schon bekannt, war er als Busfahrer viel unterwegs und dadurch lernte er sehr viele alleinreisende Frauen kennen. Er konnte keiner widerstehen und sie ihm auch nicht. Als ihm seine ganze persönliche Situation über den Kopf gewachsen war, hatte er die Idee, seinen Tod zu inszenieren. Kurz nach unserem Kennenlernen hatte er den Entschluss gefasst, sich abzuseilen. Die Nachricht über seinen Tod hatte er selbst abgefasst und einfach aus dem Telefonbuch seines Wohnortes aus einem Vornamen und einem Nachnamen einen Fantasienamen erfunden. Von der Seebestattung schrieb er nur, damit keine von uns auf die Idee kommen sollte, sein Grab zu besuchen. Als wir die Nachricht seines Todes erhielten, war er schon auf den Bahamas. Der Rest der Geschichte ist bekannt.

Aufgrund meiner und der Aussagen der anderen Frauen bekam Harald G. zwei Jahre auf Bewährung, weil er uns weder finanziell noch materiell geschädigt hatte, aufgebrummt. Aber was er uns sonst noch angetan hatte, wog eigentlich doch schwerer als der Verlust von Geld. Sein Verteidiger versuchte alles Mögliche, ihn freizubekommen. Dabei war er nicht zimperlich und setzte uns ziemlich zu. Irgendwann einmal zweifelten wir Frauen alle an unserem Verstand, aber die Richter und der Staatsanwalt blieben unerbittlich. Nach der Gerichtsverhandlung gingen wir genasführten Frauen ohne uns anzusehen und wortlos aus dem Gerichtsgebäude.

Niemand hatte etwas dagegen, dass Harald alias Harry wieder auf die Bahamas flog und seine Taverne weiterführte. So konnte er hier kein Unheil mehr anrichten. Zudem hatte er dort drüben eine Einheimische geheiratet und schon ein Kind mit ihr. Ob die Frau und das Kind wussten, was sich hier abgespielt hatte?

Noch während der Gerichtsverhandlung war ich schon schwanger gewesen. Thomas und ich freuten uns unbändig und die Vergangenheit war für mich endgültig gestorben.

Das Phantom

Die beiden befreundeten Kriminalkommissare Gerhard N. und Norbert G. schoben Überstunden und daraus resultierenden Unmut. Die Überstunden waren von ihrem Vorgesetzten angeordnet worden. Vor ungefähr sechs Wochen begannen Einbrüche in den Villen eines Nobelvorortes in Hamburg. Bislang waren vier Einbrüche gemeldet worden. Allen war gemein, dass die Villenbesitzer nicht zu Hause waren und der oder die Täter keine Spuren hinterlassen hatten. Der letzte wurde letzten Abend begangen.

Gerhard und Norbert spielten zusammen im Sandkasten, sie gingen zusammen in den Kindergarten und dann in die Schule. Unabhängig voneinander hatten sie als Berufswunsch »Kommissar« ganz oben auf ihrer Wunschliste stehen und schließlich diesen Beruf ergriffen. Nach Beendigung ihrer Lehrzeit hatten sie sich beide, auch wieder unabhängig voneinander, entschieden, beim Dezernat »Einbruch« arbeiten zu wollen. Es war klar, dass sie das Büro miteinander teilten.

Bei ihren Heiraten fungierte der jeweils andere als Trauzeuge. Die beiden Paare verreisten zusammen und die jeweiligen Kinder waren auch miteinander befreundet.

Nun saßen sie einander gegenüber, wälzten Akten und suchten nach Einbrüchen, die die gleichen Merkmale aufwiesen wie die jetzt ausgeübten. Sie krallten sich an Eduard K. fest, der vor Jahren zu Gefängnis verknackt worden, aber vor wenigen Wochen entlassen worden war. Die Einbrüche deckten sich zeitgleich mit seiner Entlassung.

»Hm, dann werden wir mal Eduard aufsuchen und ihn nach seinen Alibis fragen«, grinste Norbert schief. »Er muss ja schließlich gewusst haben, dass in den ausgeraubten Villen niemand zu Hause war.«

Eduard reagierte verärgert. Noch bevor sich die Kommissare ausgewiesen und ihre Dienstmarken gezeigt hatten, hatte Eduard sie schon erkannt. Er ahnte auch den Grund ihres Kommens. Nachdem die beiden ihr Sprüchlein aufgesagt hatten, legte er los: »Was soll das? Ich habe damit nichts zu tun. Ich habe meine Strafe abgesessen und will jetzt ein anständiges Leben führen. Dazu habe ich Alibis für die Zeit, in der die Einbrüche geschahen.«

»Ach ja«, höhnte Norbert, »du hast Alibis. Haben wir dich danach gefragt?«

Eduard wurde etwas unsicher, was von den beiden Beamten bemerkt wurde.

»Noch nicht«, fasste sich Eduard wieder. »Ihr hättet bestimmt noch danach gefragt. Das gehört doch zu eurer Arbeit, wenn ich das noch richtig weiß.«

Norbert und Gerhard grinsten: »Natürlich, und wir werden deine Alibis überprüfen. Du kannst sicher sein, dass wir dahinterkommen, solltest du falsche Alibis erhalten haben. Wir kennen dich und deine Freunde.«

Nun war es an Eduard zu grinsen. Er hatte wirklich nichts damit zu tun, aber man wusste ja nie, wenn Leute wie er die Polizei am Hals hatten. An diesem Tag ließen es die Beamten gut sein und gingen nach Hause.

Die Überprüfung von Eduards Alibis war bald abgeschlossen. Bei dreien dieser Einbrüche konnten die beiden Beamten ein sicheres Alibi des Eduard K. ermitteln, beim vierten konnten sie sich nicht so ganz sicher sein.

»Wir können davon ausgehen, dass er mit dem vierten Einbruch auch nichts zu tun hat«, moserte Gerhard. »Nun stehen wir wieder ganz am Anfang und haben absolut gar nichts in der Hand.«

»Gehen wir nach Hause«, meinte Norbert. »Was machst du denn heute Abend?«

»Ich werde mit Karin ausgehen, obwohl ich viel lieber mit ihr für einen gemütlichen Abend zu Hause geblieben wäre. Aber in letzter Zeit ist unser Familienleben zu kurz gekommen. Die Kinder sind ja schon größer, aber die sehen mich auch kaum noch.«

»Bei mir zu Hause ist es das gleiche Lied«, meinte Norbert sarkastisch.

Die beiden verabschiedeten sich. In dieser Nacht schlug der Einbrecher erneut zu. Bei der Fabrikantenfamilie N. war eingebrochen worden. Wie üblich gab es keine Spuren und die Familie war nicht zu Hause gewesen. Der Hausherr Ottmar und seine Frau Gisela waren mit Freunden essen gegangen. Der Sohn Thorsten studierte auswärts und war sowieso nicht zu Hause. Die Tochter Karen hatte mit ihren Freunden Kegelabend.

Die Polizei tappte im Dunkeln, sie hatte absolut gar keine Anhaltspunkte. Auf Eduard konnten sie ja nicht zurückgreifen. Norbert und Gerhard klammerten sich an den winzigen Strohhalm, dieses Mal könnte er es doch gewesen sein, obwohl sie sehr bald wussten, dass Eduard nicht als Täter in Frage kam. Mal abgesehen davon, wenn sie ihm diesen Einbruch hätten nachweisen können, was wäre dann mit den vorhergehenden? Diese wären dann immer noch nicht aufgeklärt.

In den Medien wurden die Einbrüche durchgehechelt. Die Menschen in diesem Viertel lachten sich schief und Witze über die Unfähigkeit der Polizei wurden gerissen. Im gleichen Maß wuchs aber auch das Misstrauen und Nachbarn beäugten sich lauernd. Schließlich kamen alle darauf, dass dieser Einbrecher ein Phantom sein müsste, da die Polizei keinerlei Spuren und keinerlei Anhaltspunkte vorzuweisen hatte. Die Polizei kam einfach nicht weiter und deren Nerven lagen blank. Sie wussten, diesen Täter würden sie nur durch Zufall schnappen – und dieser kam ihnen auch eines Tages unerwartet zu Hilfe.

Nun war es nicht immer der Fall, dass die beiden befreundeten Polizisten Gerhard und Norbert zusammen Dienst hatten und Gerhard teilte mit dem Kollegen Alfred S. den Dienst. Die Verbindungstüren zu ihren Büros standen offen. Die Laune der beiden Kommissare war auf dem Tiefststand angekommen.

Bei Gerhard klingelte das Telefon. Es war Gabi, die Frau seines Freundes Norbert: »Kannst du mir mal Norbert geben?«, fragte sie.

»Wieso, der hat doch heute frei«, kam es etwas ratlos von Gerhard.

Eine Weile hörte er gar nichts, bis Gabi meinte: »Mir hat er aber gesagt, dass er heute Dienst hat.«

»Nein, er ist nicht hier, er hat frei«, meinte Gerhard noch lahm.

Gabi murmelte etwas, das Gerhard nicht verstand und legte auf. Gerhard saß noch eine Weile sprachlos an seinem Schreibtisch. Ein furchtbarer Gedanke durchzuckte ihn und doch hoffte er, es möge nicht wahr sein. Es konnte ja ganz harmlos sein. Gerhard glaubte, den Freund durch und durch zu kennen. War ihm wirklich nichts aufgefallen?

»Nein, nein, das kann nicht sein«, entfuhr es ihm.

»Was kann nicht sein?«, fragte Alfred aus seinem Büro.

Gerhard fasste sich wieder und berichtete Alfred von dem Telefonat und seinen Befürchtungen.

»Das ist vielleicht ganz harmlos«, grinste Alfred nicht sehr überzeugend. »Vielleicht steckt eine andere Frau dahinter.«

Gerhard schüttelte den Kopf: »Nein, Norbert doch nicht«, kam es von ihm, aber auch nicht sehr überzeugend.

»Wenn es doch nur das wäre, obwohl das auch schlimm genug ist«, dachte Gerhard.

»Es hilft alles nichts: Wir werden Norbert überwachen. Ich hoffe auch, dass es nicht das ist, was wir vermuten«, meinte Alfred.

Sie informierten noch ihren Vorgesetzten und ihre Kollegen. Bei Norberts Haus legten sie sich gut vor Blicken Neugieriger geschützt auf die Lauer. Zunächst einmal kam Norbert mit seinem privaten PKW vorgefahren und nichts deutete darauf hin, dass sich die furchtbaren Gedanken Alfreds und Gerhards bestätigen sollten. Die Beamten traten vor und Norbert erschrak sichtlich.

»Nun, Norbert, erzähl uns doch mal auf dem Revier, was du gerade eben gemacht hast«, meinte Gerhard und Norbert musste mit aufs Revier. Dort verwickelte er sich in Widersprüche und schließlich musste er zugeben, der lange gesuchte

Einbrecher zu sein. »Ich bin froh, dass es vorbei ist«, murmelte Norbert.

»Warum?«, konnte Gerhard nur noch fragen.

So nach und nach kam die ganze Geschichte Norberts ans Licht: Nach dem letzten Betriebsausflug waren er und noch ein paar seiner Kollegen ins Spielkasino gegangen und er hatte eine Menge verzockt. Nun glaubte Norbert, bei erneuten Besuchen des Kasinos das verlorene Geld wieder zurück zu gewinnen und wurde spielsüchtig. Stattdessen verlor er immer mehr. Bald hatte er die Idee mit den Einbrüchen. Durch geschicktes Auskundschaften und Umhören wusste er, ob die Villenbesitzer zu Hause waren oder nicht. Er ging so geschickt vor, dass er keine Spuren hinterlassen hatte. Die gestohlenen Güter hatte er in einem Lieferwagen verstaut und dann etwas außerhalb in einer leerstehenden, aber gut verschlossenen Lagerhalle gebunkert. In dieser Lagerhalle fanden Norberts Kollegen alles, was gut und wertvoll war. Es stammte aus den ausgeräumten Villen. Allerdings hätte Norbert noch eine Weile warten müssen, bis er seine Beute hätte verkaufen können.

Es war eine der wenigen Male in seinem Leben, dass Gerhard seinen Beruf in Frage stellte. Doch die Menschen in dem Viertel konnten aufatmen: Das Phantom war geschnappt. Daran, dass es ein Polizist sein könnte, hatte niemand gedacht.

Der Heiratsschwindler

Gunther Bertram saß in Nizza in einem Café und rührte missmutig in seinem Kaffee. In letzter Zeit lief alles schief. Auch hier musste er sehr vorsichtig sein. In Deutschland, Österreich und in der Schweiz durfte er sich nicht mehr blicken lassen, denn da wurde er von der Polizei gesucht. Er hatte älteren, alleinstehenden, reichen Damen die Ehe versprochen. Er log ihnen vor, selbst reich zu sein; tatsächlich besaß er nichts außer gutem Aussehen, jeder Menge Charme und vollendeten Manieren.

Seine Eltern waren lange verheiratet und wünschten sich sehnlichst ein Kind. Sie waren beide schon über 40 Jahre alt, als er geboren wurde. Entsprechend wurde er verwöhnt und verzogen, das Beste war gerade gut genug. In die Schule wollte er nicht. Von Schulen in Berlin war er geflogen, weil er sich Lehrern und Schülern gegenüber rüpelhaft benahm. Nachdem er dieserart fast alle Schulen Berlins durchhatte, nahm ihn keine mehr auf. Sein Benehmen hatte sich herumgesprochen und die Eltern beschlossen, ihn in ein Internat zu stecken. Dieses eine Mal blieben sie hart und schickten ihn, seiner Widerstände zum Trotz, in ein Internat, in das nur Kinder gut betuchter Eltern kamen. Die Lehrkräfte waren hervorragend und Gunther fand dort, nach anfänglichen Eingewöhnungsschwierigkeiten, seine Meister. Wider Erwarten wurde er ein guter Schüler, aber für sein Leben und seinen Lebensunterhalt zu sorgen lernte er nicht.

Wieder zurück in Berlin ließ er sich von seinen Eltern, hauptsächlich der Mutter, unterstützen bis zu ihrem Tod. Sie starb bald nach seiner Rückkehr an einem Herzinfarkt – bei seinem Vater hatte er keinen leichten Stand. Dieser half ihm aber mit Widerwillen und das Geld saß nicht mehr so locker wie bei der Mutter. Der Vater war der Meinung, Gunther solle für sich selber sorgen. Doch dazu war es zu spät. Was Hänschen nicht lernt, lernt Hans nimmer. Als der Vater wenige Jahre nach der Mutter starb, war er endlich gezwungen, für sich selbst zu sorgen.

»Wozu gibt es ein Sozialamt?«, dachte sich Gunther. Doch seine Besuche dort verliefen nicht sehr befriedigend. Der Mitarbeiter des Amtes stellte unangenehme Fragen und sah ihn als asozial an. Aber schließlich bekam er doch noch den Mindestbetrag, von dem er nicht leben konnte, zugewiesen. Dazu bekam er noch harte Auflagen, sich nach einem Arbeitsplatz umzusehen. So versuchte er sich gezwungenermaßen in verschiedenen Berufen und brachte keinen Fuß auf den Boden. Ihm fehlte die Ausdauer und die Substanz, länger als wenige Wochen irgendwo zu arbeiten.

Schließlich übte er den Beruf eines Türstehers in einer vermeintlichen Edel-Disko aus, was ihm absolut nicht behagte, aber hier hielt er am längsten aus. Die Pöbeleien der Abgewiesenen konnte er nicht ertragen, wofür jeder Verständnis hatte. Als er mit Tatjana, einer aufregenden Exilrussin, angebändelt hatte, tauchte plötzlich deren Freund Sascha auf. Dieser boxte in der Berliner Boxstaffel, die in der Bundesliga immer auf den vordersten Plätzen zu finden war. Sascha war eine »sichere Bank« der Staffel und gewann alle Kämpfe mit k.o. Nach einer »Begegnung« Gunthers mit Sascha konnte sich Gunther mehrere Tage nicht mehr in der Außenwelt blicken lassen. So lange dauerte es, bis seine zwei »Veilchen« und die anderen Blessuren, hauptsächlich seines Gesichts, abgeheilt waren. Dass er das Schmerzensgeld, das Sascha ihm per Gerichtsbeschluss zu zahlen hatte, wirklich erhalten hatte, wunderte ihn. Allerdings war es schnell aufgebraucht und der 27-Jährige zog von Berlin nach Essen in den Ruhrpott. Das Schmerzensgeld war auch eine Möglichkeit, an Geld zu kommen; natürlich wollte er sich nicht mehr zusammenschlagen lassen, aber es gab ja noch andere Möglichkeiten der Geldbeschaffung.

In den Beruf des Heiratsschwindlers war er nur zufällig hineingerutscht. Bei einer Tanzveranstaltung lernte er die reiche Fabrikantenwitwe Dagmar Guthmann kennen und stellte sich als Immobilienmakler vor. Sie war nur wenig älter als er, sah sehr gut aus und war sehr humorvoll. Was wollte da ein Mann noch mehr und Gunther war dabei, sich in sie zu verlieben. Doch bei weiteren Treffen stellte er fest, dass sie sich zu sehr an ihn klammerte und maßlos eifersüchtig war. Er durfte keinen Schritt mehr alleine tun. So beschloss er, aus ihrem Leben zu verschwinden, da er sich nicht fest binden wollte. Dagmar sprach schon von Heirat. Gunther saß in ihrem Wohnzimmer und verzog gedankenschwer das Gesicht. Auf ihre Fragen wollte er nicht antworten.

»Liebling, was hast du denn? Willst du es mir nicht sagen?«, drang sie in ihn.

Gespielt niedergeschlagen und bedrückt brachte er hervor: »Ach weißt du, ich möchte dich damit nicht belasten!«

»Nun rede schon, vielleicht kann ich dir helfen«, und so drang sie noch mehr in ihn, bis er endlich rausrückte.

»Ich stecke in kurzfristigen finanziellen Schwierigkeiten«, begann er. »Ich brauche nur für etwa drei Wochen 20.000,-- €. Bis dahin erwarte ich eine größere Geldzahlung, aber ich soll jetzt 20.000,-- € an einen Kunden zahlen.«

»Wenn es weiter nichts ist!«, lachte Dagmar.

»Soll das heißen, dass du mir das Geld geben willst?«, fragte Gunther zurück.

»Genau das!«, gab sie lachend zurück.

»Nein, ich werde auf keinen Fall Geld von dir nehmen. Ich werde schon einen Weg finden«, sträubte sich Gunther.

»Stell dich nicht so an, wir lieben uns doch und werden zusammenbleiben. Du kannst es mir ja wieder zurückgeben, wenn du wieder flüssig bist.«

Gunther grinste in sich hinein. Das klappte besser, als er gedacht hatte. Nach Erhalt des Geldes verschwand er aus Essen; es war besser, nicht mehr in dieser Riesenstadt zu bleiben.

Da es beim ersten Mal so geklappt hatte, war er dabei geblieben. Die anderen Frauen machten es ihm leicht, und so konnte er sich auf ihre Kosten ein angenehmes Leben machen. Nicht im Traum dachte er daran, diese Frauen zu heiraten. Er benutzte zumeist verschiedene Namen, ganz selten seinen eigenen. Wenn er mit ihnen fertig war, waren sie arm und er reich. Durch seinen aufwendigen Lebensstil hatte er aber nie lange Geld, und so suchte er sich ein neues Opfer. Die Frauen gingen alle, bis auf eine, nicht zur Polizei. Teilweise weil sie immer noch dachten, er käme wieder zurück und teilweise weil sie sich schämten.

Er trieb sich im Bundesgebiet, in der Schweiz und in Österreich herum. In der Schweiz fand er schließlich eine Millionenerbin, Antonia Steiner. Sie war das, was man ein spätes Mädchen nannte. Sie genoss seine Aufmerksamkeit und sonnte sich in der Bewunderung ihrer Mitmenschen, wenn sie auf Partys, in Restaurants oder beim Einkaufen waren. Zu Beginn seiner Beziehungen zahlte er, so viel Geld behielt er immer zurück. Die Frauen sollten nicht denken, dass er des Geldes wegen mit ihnen zusammen war.

Antonia kam ihm schließlich auf die Schliche, als sie ihrer deutschen Freundin Dagmar Guthmann am Telefon von Gunther, er benutzte gerade mal wieder seinen eigenen Namen, vorschwärmte: »Ach Dagmar, ich habe einen ganz tollen Typen kennengelernt. Wir wollen heiraten. Meine Freundinnen beneiden mich so, dass sie mir abraten. Er würde mich doch nur meines Geldes wegen nehmen, dabei hat er selbst so viel Geld, dass er meines gar nicht nötig hat. Er ist aus Deutschland und heißt Gunther Bertram.«

»Wie heißt der Typ?«, konnte Dagmar nur noch entsetzt fragen.

»Gunther Bertram«, gab Antonia zurück.

»Beschreibe ihn mir doch mal. Ich möchte wissen, wie er aussieht«, kam es von Dagmar wieder zurück. Die Beschreibung, die Antonia lieferte, passte und so flog Gunther auf. Doch Antonia wollte Gewissheit haben und stellte ihn zur Rede. Ihm war schon immer klar, dass man ihm irgendwann einmal auf die Schliche kommen würde und bei Antonia war es dann soweit. Er wiegelte zwar ab, aber Antonia verwies auf Dagmar und bevor sie ihn bei der Polizei anzeigen konnte, war er nach Nizza entflohen. Er wurde zur Fahndung ausgeschrieben und daraufhin meldeten sich noch mehr Frauen bei der Polizei.

Die Jahre gingen auch an ihm nicht spurlos vorüber, obwohl ergraute Schläfen und Fältchen einen Mann interessant machten, bei Frauen spricht man da von Alterserscheinungen. Jetzt wollte er sich zur Ruhe setzen und die Gedanken kreisten in seinem Kopf. Schließlich dachte er ernsthaft ans Heiraten; natürlich müsste es eine reiche Frau sein, denn seinen aufwendigen Lebensstil wollte er beibehalten.

Während dieser Überlegungen betrat eine sehr hübsche Frau das Café, und obwohl nicht viele Gäste hier waren, steuerte sie auf seinen Tisch zu und fragte mir warmer Stimme: »Ist an Ihrem Tisch noch ein Platz frei?«

Gunther nickte. So setzte sie sich zu ihm, und nachdem sie sich gegenseitig vorgestellt hatten, sie hieß Claudia Holldrich, unterhielten sie sich in kürzester Zeit aufs angenehmste. Beide hatten das Gefühl, sich schon lange zu kennen. Er zeigte Bilder, die er aus Illustrierten und Zeitschriften herausgeschnitten hatte und sich vom Fotografen als Fotos herstellen ließ, von Häusern, Fabriken, Ländereien, die er sein eigen nannte, ihm aber nicht gehörten. Bei seinen früheren Beziehungen hatte er nie gleich mit seinem »Eigentum« angegeben, das gab kein gutes Bild von ihm ab. Er war, was das betraf, sehr zurückhaltend. Während

Gunther seine Bilder zeigte, konnte er Claudia, ohne dass sie es merkte, genau beobachten. Brünette Locken umrahmten ein schmales Gesicht. In grünen Augen blitzte der Schalk. Der dunkelblaue Hosenanzug war bestimmt nicht von der Stange und umschmeichelte ihre schlanke Gestalt. Alles an ihrem Aussehen war perfekt aufeinander abgestimmt. Sie war nicht mehr jung, aber auch nicht alt; altersmäßig passte sie zu ihm.

»Endlich eine Frau mit Format«, dachte Gunther, »sie ist keine von den dummen Gänsen, mit denen ich bislang zu tun hatte!«

»Meine Eltern sind Deutsche und sie sind nach dem Krieg nach New York gegangen. Dort hatte mein Vater eine Fabrik, die Bettwäsche herstellte, eröffnet. Wir haben Niederlassungen in Australien, Südostasien und in ganz Westeuropa, aber unser Hauptsitz ist in New York. Dass man mit Bettwäsche Millionen verdienen kann, habe ich zwar geahnt, aber erst nach seinem Tod bei der Testamentseröffnung gewusst. Da mein Bruder Klaus vor ein paar Jahren tödlich verunglückt ist und ich keine Geschwister mehr habe, bin ich Alleinerbin. Ich habe meinen Bruder sehr geliebt, aber er war der Meinung, Autorennen fahren zu müssen. Sein großer Traum war die Formel eins«, erzählte nun Claudia.

Lächelnd, aber etwas bitter fügte sie hinzu: »Als junges Mädchen war ich sogar einmal verheiratet, aber diese Ehe war eine Katastrophe. Er wollte nicht mich, sondern nur mein Geld. Die Scheidung war schmutzig. Er kämpfte um möglichst viel Abfindung. Unsere Rechtsanwälte haben sich gefreut, sie bekamen einiges aus meinem Vermögen, und seither habe ich Angst, dass die Männer nicht mich, sondern nur mein Geld heiraten wollten. Viel Geld zu haben macht nicht unbedingt glücklich!«

Schnell kamen sie sich näher und Gunther dachte nicht im Traum daran, diesen Goldfisch von der Angel zu lassen. Sie verbrachten den Rest des Tages miteinander und Gunther brachte Claudia schließlich zurück ins Hotel.

»In welchem Hotel wohnen Sie denn?«, fragte er.

Sie nannte das Negresco, eines der ersten Hotels Nizzas.

»So ein Zufall, dort wohne ich auch«, lachte Gunther und brachte sie vor ihr Zimmer. »Ich will Sie unbedingt wieder sehen, Claudia, ich kenne hier ein wundervolles Restaurant. Ich möchte Sie zum Essen einladen. Heute Abend um 19.00 Uhr werde ich Sie abholen. Bitte nehmen Sie meine Einladung an«, flötete Gunther und Claudia nickte strahlend.

»Ich warte um 19.00 Uhr an der Rezeption!«, lachte sie.

Nach einem erstklassigen Fünf-Sterne-Menü gingen sie noch in eine Bar. Dort tranken sie mit Champagner Bruderschaft. Als sich ihre Lippen berührten, überlief es Gunther heiß und kalt. Er war dabei, sich in die Frau zu verlieben, und auch bei Claudia brachen Gefühle hervor, die sie immer unterdrückt hatte. Es war weit nach Mitternacht, als sie endlich ins Hotel zurückkehrten. Gunther setzte seinen Dackelblick auf, als Claudia ihre Zimmertür aufschloss und ihn draußen stehen ließ: »Ich liebe dich, Claudia. Ich habe noch nie eine Frau wie dich gekannt.«

Claudia konnte Dackelblick und Liebeserklärung nicht widerstehen, nahm ihn mit in ihr Zimmer und beide verbrachten eine wundervolle Nacht.

Am nächsten Morgen ließen sie sich ihr Frühstück mit Champagner und allem drum und dran aufs Zimmer bringen. Nach dem Frühstück mietete Gunther ein Auto, um mit Claudia jeden Tag teuere Ausflüge zu machen. Sie aßen in teuren Restaurants und kauften in den teuersten Läden ein. Gunther war bald restlos blank, da er nach seiner Gewohnheit alles bezahlte. Claudia sollte nicht denken, dass er hinter ihrem Geld her wäre. Er wollte ihr einen Heiratsantrag machen und dann hatte er ausgesorgt. Von seinem letzten Geld kaufte er rote Rosen, Champagner, zwei goldene Ringe und alles, was seiner Meinung nach zu einem Heiratsantrag gehörte. Die Szene, als er sie um ihre Hand bat, hätte in einem kitschigen Liebesfilm Platz gehabt: »Claudia, ich liebe dich, und ich habe bemerkt, dass du auch viel für mich empfindest. Willst du meine Frau werden?«

Claudia fiel ihm um den Hals und hauchte überglücklich: »Ja, natürlich!«

Die Hochzeitsvorbereitungen liefen auf vollen Touren. Sie legten beim Standesamt einen Termin für die Trauung fest und bestellten gleichzeitig das Aufgebot. Im Hotel Negresco trieben sie unter den Bediensteten Trauzeugen auf. Claudia und Gunther brauchten entsprechende Kleidung und das Restaurant zur anschließenden kleinen Feier musste noch gebucht werden. Es sollten nur sie und die Trauzeugen da sein. Beide hatten den gleichen Gedanken, in dem Restaurant, in dem sie an ihrem ersten Abend gegessen hatten, ihre Hochzeit zu feiern.

Im teuersten Laden am Platz kauften sie sich ihre Hochzeitsgarderobe. Claudia verschwand mit einem superschicken Kostüm in der Umkleidekabine.

»Na, gefällt es dir?« Sie kam wieder und drehte sich vor Gunther, der sprachlos war. Endlich fand er die Sprache wieder: »Liebling, es ist wunderbar. Es steht dir ausgezeichnet. Das ziehst du zu unserer Hochzeit an. Aber ich brauche noch einen Anzug.«

Es kam zu keiner Hochzeit. Gunther wusste nicht, dass Claudia genauso arm war und auf die gleiche »Tour« reiste wie er. Sie angelte sich ältere, reiche Männer, um sie dann auszunehmen. Sie hatte eines der Häuser auf einem der Bilder wiedererkannt. In diesem Haus war sie schon gewesen, als sie einen dieser Männer abgezockt hatte und wusste, dass es Gunther nicht gehörte. So bereitete sie heimlich ihren Abgang vor und verschwand, während Gunther in der Umkleidekabine seinen Hochzeitsanzug anprobierte, auf Nimmerwiedersehen.

Ein seltsames Paar

Margot Seemann und Michael Enders trafen sich auf einer Silvester-Party in München. Im vergangenen Sommer hatten sie in derselben Schule ihr Abitur gemacht. Margot war danach auf die Universität gegangen, Michael hingegen hatte im väterlichen Betrieb als Praktikant angefangen.

»Das ist aber eine Überraschung«, sagte Margot, »wie bist du zu der Einladung gekommen? Wie geht's dir denn? Arbeitest du oder studierst du? Wohnst du hier?«

»Das sind mehrere Fragen auf einmal«, lachte Michael. »Also, ich wurde von Freunden eingeladen. Es geht mir gut. Ich mache ein Praktikum in der KFZ–Werkstatt meines Vaters und ich wohne auch hier. Aber was machst du und wie geht's dir?“

»Nun, ich studiere Lebensmittelchemie hier in München und es geht mir auch gut«, antwortete Margot und im Nu war eine angeregte Unterhaltung über Hobbys und Freunde zugange. Dabei hatten beide Gelegenheit, sich gegenseitig, aber unauffällig zu mustern. Margot war schon in der Schule sehr hübsch gewesen, jetzt war sie eine Schönheit geworden. Goldblonde Locken umrahmten ihr schmales Gesicht und in ihren grünen Augen sah Michael einen Ernst, den er in der Schule nie an ihr bemerkt hatte. Der dunkelblaue Hosenanzug, der bestimmt nicht von der Stange war, schmeichelte ihrer Figur und alles an ihrem Aussehen war perfekt. Michael hatte Margot in der Schule nicht leiden können. Sie hatte nicht nur arrogant und hochnäsig gewirkt, sie war es auch gewesen. Sie war das einzige Kind reicher Eltern und war daher zu Hause sehr verwöhnt worden und dementsprechend benahm sie sich auch. Die männlichen Schulkollegen hatten sich gefreut, wenn sie einem von ihnen ihre Gunst gab, sie war das begehrteste Mädchen in der Schule gewesen. Die weiblichen Schulkollegen waren neidisch. Michael selbst hatte Margot links liegen gelassen und die Abneigung hatte auf Gegenseitigkeit beruht.

Aber auch Michael konnte sich sehen lassen, er hatte große Ähnlichkeit mit Elvis Presley. Sie waren das schönste Paar des Abends. Auch hatte Michael das Gefühl, Margot sei umgänglicher geworden. Sie verabredeten sich öfter, denn schon am Silvesterabend hatten sie sich ineinander verliebt. Beide freuten sich auf den Frühling und den Sommer. Sie trafen sich jeden Tag.

Eines Tages, bevor sie zu einer Radtour aufbrachen, war Margot sehr nervös.

»Gut, dass wir uns sehen«, platzte sie heraus, »ich muss dir etwas Wichtiges sagen.«

»Wir sehen uns doch jeden Tag«, lachte Michael.

»Ich habe in Los Angeles einen Studienplatz angeboten bekommen und könnte mein Studium in den USA beenden. Zugesagt habe ich nicht, aber auch noch nicht abgesagt, weil ich erst noch mit dir darüber reden wollte. Dieses Semester würde ich hier beenden und nach den Semesterferien könnte ich drüben weiterstudieren; das dauert drei Jahre«, sprudelte es aus Margot heraus. Michael fühlte sich nicht sehr wohl.

»Ich werde dir keine Steine in den Weg legen, obwohl ich dir versichern kann, dass ich dich vermissen werde, solltest du gehen. Wenn du dorthin willst, solltest du diese Chance nutzen, denn so eine Gelegenheit kriegst du nie wieder. Drei Jahre gehen schnell vorbei.«

Margot fiel ihm um den Hals: »Ich finde deine Reaktion ganz toll, denn ich möchte schon gehen, und du wirst mir auch fehlen. Wir werden uns oft schreiben. Mach doch mal Urlaub in Kalifornien. Und wenn ich zurück bin, heiraten wir.«

So packte Margot ihre Sachen und flog seelisch von einer Ecke in die andere. Sie liebte Michael doch und sollte ihn so lange allein lassen. Margot wollte schon zu Beginn der Semesterferien fliegen, um sich besser akklimatisieren zu können. Am Flughafen hatten beide Tränen in den Augen, eine kurze, heftige Umarmung, dann verschwand sie im Flugzeug. Michael starrte noch lange in die Richtung, in die sie abgeflogen war, und ging nachdenklich und melancholisch zu seinem Auto.

Zunächst war er im Betrieb seines Vaters so eingespannt, dass er tagsüber keine Zeit hatte, an Margot zu denken. Abends aber, wenn er in seinem Zimmer saß, in der Glotze nichts Gescheites kam und es ihm langweilig wurde, fielen die Gedanken über ihn her. Sicher verabredete er sich mit Freunden, aber jeden Abend konnte und wollte er nicht ausgehen. Die ersten Wochen schrieben sie sich regelmäßig und mit der Zeit wurde Michael gelassener. Dann wurden ihre Briefe immer seltener und langweiliger. Kam ein Brief Margots an, so dauerte es Tage, bis Michael ihn endlich öffnete und las; eigentlich war es nichts Neues. Dann dauerte es wieder Tage, bis er antwortete, und das war auch 08/15.

In der Werkstatt gab es eine personelle Veränderung. Eine neue Sekretärin, Anna Galla, stellte sich vor und wurde eingestellt. Michael arbeitete viel mit ihr zusammen und dabei ging etwas Seltsames in ihm vor: Er verliebte sich in sie. Sie war so anders als Margot, schon hübsch, aber nicht so perfekt. Dabei hatte er geglaubt, ohne Margot nicht mehr leben zu können; er hatte tagelang nicht mehr an sie gedacht. Zusätzlich wurden die Briefe beiderseits noch spärlicher, und großen Urlaub in den USA machte Michael auch keinen. Rasch kamen sich Anna und Michael näher, denn sie hatte sich auch in ihn verliebt.

»Sie passt viel besser zu mir als Margot«, dachte Michael. »Wie bringe ich nur Margot bei, dass ich sie bei ihrer Heimkehr nicht heiraten kann?«, überlegte er verzweifelt. »Im nächsten Brief sage ich es ihr.«

Aber er schrieb nur belangloses Zeugs und auch von Margot kam nichts Weltbewegendes.

Die Zeit Margots ging in Amerika zu Ende und er hatte es ihr immer noch nicht gesagt. Der Tag der Ankunft war schließlich da. Michael holte sie nicht vom Flughafen ab, er hatte keine Zeit. Margot kam in sein Büro, noch schöner, aber Michael bemerkte auch, dass sie weicher, menschlicher geworden war. Da drüben musste etwas vorgefallen sein, was sie in ihrem Wesen verändert hatte.

»Ich muss dir etwas sagen«, platzte sie heraus. »Ich hätte es schon längst schreiben sollen, aber ich wusste nicht, wie. Ich wollte dir nicht wehtun.«

»Ich muss dir auch etwas sagen, und ich plage mich auch schon eine Weile, wie ich dir das beibringen soll«, meinte Michael. Nach einer Weile gegenseitigen Rumdrucksens, fasste sich Margot ein Herz: »Warte einen Moment.«

Sie ging vor die Tür, brachte einen jungen Mann namens John Miller mit und stellte ihn Michael vor.

»Ich war noch nicht lange drüben an der Universität als mir John über den Weg lief. Wir haben uns beide ineinander verliebt und wollen heiraten. Er hat hier Arbeit gefunden und wir werden daher in Deutschland wohnen. Ich habe geglaubt, dich zu lieben, und nun ist mir das passiert. Ich hoffe aber, wir können Freunde bleiben.«

Michael fielen ganze Zentnerlasten vom Herzen.

»Bei mir ist es genauso gelaufen, auch ich habe mich verliebt. Anna und ich wir sind uns einig und wollen heiraten.«

Dann holte er Anna in sein Büro und stellte sie vor. Beide waren herzlich froh, einander nicht wehtun zu müssen. So heirateten Margot und Michael, aber nicht einander, und beide Paare wurden so gute Freunde, dass sie viel gemeinsam unternahmen und sogar zusammen in Urlaub gingen.

Unfallfahrt ins Glück

Der Morgen hatte schon seltsam begonnen, bei mir ging alles schief. Ich war wohl mit dem linken Fuß zuerst aufgestanden. Am Arbeitsplatz ging es dann auf die gleiche Tour weiter. Ich bettelte um elementarste Dinge; nicht nur im fachlichen Bereich, und meine Kollegen waren an diesem Tag nicht zu bewegen, mir meine Arbeit zu erleichtern und mir ein wenig entgegenzukommen. Aber auch dieser Arbeitstag ging endlich vorüber. Ich war froh, mich am Abend in mein Auto setzen und nach Hause fahren zu können. In Gedanken malte ich mir aus, was sich an diesem Abend zur Ablenkung unternehmen könnte. Zunächst einmal wollte ich ins Fitness-Studio. Wenn ich Sport trieb, konnte ich mich am besten abreagieren und mich anschließend mit Freunden beim Italiener treffen. Das sollte ein guter Abschluss dieses schrecklichen Tages werden.

Ich war wohl in Gedanken zu sehr bei meiner Freizeitgestaltung, als mich ein hässlicher Knall in die Wirklichkeit riss. Ich hatte einem anderen Verkehrsteilnehmer die Vorfahrt genommen; es war aber nur ein Blechschaden. Beim Aussteigen wurde ich von diesem Verkehrsteilnehmer mit einer kleinen Schimpfkanonade bedacht; da waren Worte wie »Frau am Steuer« – und »wohl den Führerschein im Lotto gewonnen« noch die harmlosesten. Meine Motorhaube war eingedrückt, die Stoßstange sowieso und dazu total verschoben. Bei ihm war die ganze rechte Seite eine riesengroße Delle. Was sonst noch war, wusste ich nicht, ich bin kein Fachmann. Meine Entschuldigung hörte er erst gar nicht an, und mit Mühe konnte ich ihn davon abhalten, die Polizei zu rufen. Er drangsalierte mich derart, dass ich dachte: »Was für ein schrecklicher Mensch und fang jetzt bloß nicht zu weinen an!«

Notgedrungen mussten wir unsere Adressen und die Telefonnummern austauschen, da wir mit unseren Autos in die Werkstatt mussten. Meine KFZ-Versicherung musste auch Bescheid wissen. Er hieß Gerhard Erdmann und wohnte in der Nachbarortschaft. Ich ging mit meinem Auto gleich in die Werkstatt; der Schaden war beträchtlich. Der Mechaniker sagte etwas von etwa 2.500 Euro, schätzungsweise. Sehr wahrscheinlich war er sehr viel höher. Das gab mir den Rest.

Zu Hause angekommen, war ich endgültig fertig, was sich in Sturzbächen von Tränen ausdrückte. Natürlich ging ich nicht mehr ins Fitness-Studio und ich traf mich auch nicht mehr mit Freunden beim Italiener. Noch am selben Abend klingelte das Telefon, es war Gerhard Erdmann. Mit einiger Mühe blieb ich gelassen und fragte ihn eisig: »Haben Sie Ihr Auto schon in die Werkstatt gebracht?«

Ja, das habe er schon. Ich merkte, dass er noch etwas auf dem Herzen hatte und nach einigem

Rumdrucksen, er stotterte geradezu, kam er aber dann zur Sache: »Liebe Frau Schmid, ich habe mir Gedanken gemacht bei dem von Ihnen verursachten Unfall. Es war nicht gut, wie ich mich benommen habe, und möchte mich dafür entschuldigen. Ich bin impulsiv und heute ist mir alles, was nur schief gehen kann, schiefgegangen. Jedem, der Auto fährt, kann so etwas passieren und es ist schließlich nur ein Blechschaden gewesen, niemand wurde verletzt.«

Zunächst einmal war ich sprachlos.

»Was ist denn in den gefahren?«, dachte ich. Nun hatte er sich also entschuldigt, somit müsste dieses Telefonat beendet sein, aber es war damit noch nicht vorbei. Erneutes Stottern und endlich rückte er heraus: »Ich wollte Sie zum Essen einladen. Könnten Sie sich vorstellen, mit mir auszugehen?«

»Warum eigentlich nicht«, entgegnete ich, obwohl ich gar keine Lust verspürte, mit diesem Typen auszugehen. Gut, ich würde mich mit ihm treffen, danach würden wir das mit unseren Autoschäden regeln und dann wäre diese Sache für mich erledigt. So trafen wir uns am nächsten Abend; er lud mich zum Italiener ein. Er holte mich ab, fuhr mit dem Leihwagen vor, da sein und mein Auto aus bekannten Gründen in der Werkstatt waren. Wir waren mit dem Studium der Speise- und Weinkarte beschäftigt, sodass zunächst eine Unterhaltung nicht möglich war.

Auch wussten wir nicht, worüber wir eigentlich reden wollten.

Ich musste mich an die Kandare nehmen, ihn nicht ständig anzustarren. Der Typ sah sehr gut aus, so wie ich mir meinen Traummann immer vorgestellt hatte: schlanke Figur, schwarze Locken, blaue Augen, die mich an einen Bergsee in den Alpen erinnerten, markantes Gesicht, einen weichen Mund. Obwohl er noch kein Wort gesagt hatte, kam er mir sehr charmant vor. Dies war mir beim Unfall gar nicht aufgefallen. Das hatte mir gerade noch gefehlt, dass ich mich in den verliebte. Auch sah ich in seinen Augen ein Leuchten, das mir nicht so ganz gefiel. Nach der Bestellung des Essens und des Weins herrschte zuerst mal ungemütliches Schweigen, übers Wetter wollte ich nicht mit ihm reden. Das Thema Unfall sparten wir auch aus. Schließlich kam doch noch eine Unterhaltung über unsere Hobbys zustande und auf einmal sprudelten die Worte nur so aus uns heraus. Genau wie ich las er gerne historische Romane und Sachbücher, trieb fast genau die gleichen Sportarten wie ich, betätigte sich als Hobbykoch und reiste. Wir reisten beide in gleichartige Länder, um dort die gleichen Dinge zu unternehmen. Es war ein langer, schöner Abend. Wir verabschiedeten uns spät, es war kurz vor Mitternacht, er brachte mich nach Hause und fuhr ab. Schon am nächsten Abend rief er mich wieder an, wollte sich erneut mit mir verabreden.

»Frau Schmid, ich habe Karten für das Musical *Mama mia – Come Together*, da treten die Beatles und Abba gemeinsam auf, natürlich nicht die Originale. Ein Freund von mir ist verhindert und kann nicht mitkommen und in zwei Tagen findet dieses Musical doch in der Stadthalle statt. Hätten Sie Lust, mich dahin zu begleiten? Ich kann Sie abholen.«

Da ich auf dieses Musical sehr gespannt war, ich bin Fan beider Gruppen, sagte ich zu.

Als ich zum ersten Treffen gegangen war, hatte ich mir fest vorgenommen, mich auf nichts einzulassen. Es ist durchaus nicht normal, mit seinem Unfallgegner essen zu gehen oder sich sonst wie zu verabreden. So trafen wir uns erneut, und bevor er mich abholte, ertappte ich mich, dass ich besonders lange vor dem Kleiderschrank und vor dem Spiegel stand, weil ich besonders gut aussehen wollte. Ich schminkte mich ausgiebig, zog meinen schicksten Hosenanzug an und achtete darauf, dass an meinem Aussehen alles perfekt aufeinander abgestimmt war. So lange hatte ich noch nie vor dem Spiegel gestanden. Schon einige Minuten vor der verabredeten Zeit stand ich vor der Haustüre und konnte es nicht erwarten, bis er kam, starrte alle zehn Sekunden auf die Uhr. Ich wollte schon weinen, weil ich dachte: »Jetzt hat er mich versetzt, er hat mich zum Narren gehalten.«

Pünktlich auf die Minute kam er an. Wir waren beide von dem Musical begeistert und anschließend tranken wir in einer Weinstube noch ein Glas Wein. Beim zweiten Glas tranken wir Bruderschaft und duzten uns. Für einen kurzen Moment spürte ich seine Lippen auf den meinen. Mein Herz klopfte einen so lauten Trommelwirbel, dass ich meinte, er müsste es hören, und in meinem Bauch flatterten Schmetterlinge. Gesprächsweise erwähnte er, dass er alleinstehend sei und nach einer qualvollen Beziehung lange gebraucht habe, um an eine neue Verbindung zu denken.

»Warum erzählt er mir das?«, dachte ich noch bei mir. Dabei blickten wir uns lange, zu lange in die Augen. Ich sah in seinen wieder dieses Leuchten. Ich wehrte mich gegen dieses Gefühl, das in mir aufwallte; allerdings war es schon zu spät. Er brachte mich noch später als beim ersten Treffen nach Hause. Am liebsten hätte ich ihn noch zu mir in meine Wohnung eingeladen und viel später, als wir uns über unsere Gefühle im Klaren waren, verriet er mir, dass er an diesem Abend gehofft hatte, mit in meine Wohnung genommen zu werden. Darüber lachten wir herzlich. Aber an diesem Abend stürzte ich wie von Furien gehetzt aus dem Auto und ins Haus. Verflixt, ich wollte mich nicht verlieben und genau das passierte mir jetzt; ich wehrte mich mit aller Macht dagegen.

In dieser Nacht schlief ich gar nicht, wälzte mich von rechts nach links und wieder zurück, meine Unruhe wurde immer größer.

»Dumme Gans«, schalt ich mich, »bilde dir nur nichts ein, Ulla Schmid, er kann an jedem Finger zehn Frauen haben, so wie der aussieht. Er wird jede, mit der er ausgeht, so anschauen und so zuvorkommend behandeln. Mit dir verabredet er sich nur, weil momentan keine andere mit ihm ausgeht, und wenn die Sache mit dem Unfall ausgestanden ist, siehst du ihn nie wieder. Er spielt doch nur mit dir.«

Dann dachte ich an das Bruderschaft-trinken und das Leuchten in seinen Augen. Darüber wollte ich weinen, weil ich mir nicht vorstellen konnte oder wollte, dass er mit mir spielte. Meine Unruhe wurde noch größer und verwandelte sich in Schmerz.

Am nächsten Morgen stand ich wie gerädert auf und mein Spiegelbild erschreckte mich; ich sah aus, als ob ich mehrere Nächte durchgemacht hatte. Am Arbeitsplatz wollte ich am liebsten einschlafen und meine Leistung ließ sehr zu wünschen übrig. Meine Kollegen trieben gutmütigen Spott mit mir und stellten neckische Mutmaßungen an, warum ich so müde und so schlecht gelaunt war. Mit ihren Äußerungen lagen sie gar nicht so falsch.

Ich glaubte, mit beiden Beinen fest auf der Erde zu stehen, war nach einer von mir beendeten Beziehung, die für mich nur Schmerz und Bitterkeit gebracht hatte, überzeugte Junggesellin. Erst recht war ich davon überzeugt, Menschenkenntnis zu haben, und bei diesem Mann und in dieser Situation wusste ich einfach nicht mehr weiter. Ich benahm mich wie eine 15-Jährige. Wenn irgendwelche Schmacht- und Schmalzfilme in der Glotze oder im Kino kamen, lachte ich und sah mir solche Filme erst gar nicht an. So was gibt's doch im realen Leben nicht.

Einige Tage später, unsere Autos waren repariert, wir hatten Schäden und Leihwagen von meiner Versicherung bezahlt bekommen, gab es keinen Grund mehr, miteinander in Kontakt zu bleiben. Trotzdem rief ich ihn unter einem Vorwand an. Ich konstruierte ein Problem an meinem Fernsehapparat und fragte ihn, ob er mir helfen könne; ich wollte einfach nur seine Stimme hören und hoffte inständig, dass er meine List nicht durchschaute und mir helfen würde. Das Problem am Fernseher war keines und die ganze Sache war so einfach, dass sogar ein Kind sie beheben konnte. Aber auf was für Ideen musste ich kommen, nur um mit ihm sprechen zu können.

»Das war wohl Gedankenübertragung, gerade wollte ich mich bei dir melden«, rief er hocherfreut. »Natürlich helfe ich dir, aber wir sollten uns treffen. Ich möchte dir etwas sagen und das geht nicht am Telefon.«

So verabredeten wir uns in der Weinstube, in der wir nach dem Musical gesessen hatten. Nachdem der Kellner den bestellten Wein gebracht hatte, brach es aus ihm heraus: »Ulla, ich liebe dich, ich kann ohne dich nicht mehr leben. Schon nach dem Unfall war mir das klar, und ich habe mich dann so ruppig benommen, weil ich mich gegen dieses Gefühl gewehrt habe. Ich überlege schon seit Tagen nach einem Grund, weshalb ich dich anrufen könnte und wie ich es dir sagen soll.«

So gestand auch ich ihm meine Liebe und erklärte ihm das Problem am Fernseher, das ich absichtlich konstruiert hatte, um ihn anrufen zu können. Ich erklärte ihm auch noch, warum ich mich nach unserem zweiten Treffen so kindisch verhalten hatte und so schnell davon gesprungen war. Ich liebte ihn da schon und wusste nicht, dass er genauso empfand und dass ich nur Angst vor Enttäuschung hatte.

Nun war alles klar zwischen uns. Es folgten noch mehrere Treffen, mal in seiner, mal in meiner Wohnung. Jedes Mal brachte er Blumen oder ein kleines Geschenk oder eine andere kleine, nette Überraschung für mich mit. Zunächst einmal behielt jeder seine Wohnung, wir liebten uns zwar, aber wir wollten uns einen bestimmten Zeitraum zum Kennenlernen gewähren.

Da wir beide sehr reiselustig waren, buchten wir einen gemeinsamen Urlaub. Es sollte in die Karibik, genauer auf die Bahamas gehen, die geografisch eigentlich nicht zur Karibik gehören. Vorher bat er mich, noch meine Papiere zu besorgen, da wir in der Karibik heiraten wollten. Den Termin legten wir so, dass wir genau ein Jahr nach unserem Crash in Nassau, der Hauptstadt der Bahamas, auf dem Standesamt laut »Ja!« sagten. In der Hauptgeschäftsstraße Nassaus besorgte ich mir ein weißes Brautkleid und er sich einen Anzug und die kirchliche Trauung wurde nach wenigen Tagen vollzogen. Nur wenige Wochen nach der Hochzeit wurde ich schwanger und wir freuten uns irrsinnig auf unser Kind. Als meine Zeit gekommen war, schenkte ich Gerhard einen Sohn, der nach seinem Vater benannt wurde.